LE PROJET MANHATTAN

Le programme secret américain qui mit fin à la Seconde Guerre mondiale

Par Marie Fauré

50MINUTES.fr

LE PROJET MANHATTAN

LE PROGRAMME SECRET AMÉRICAIN QUI MIT FIN À LA SECONDE GUERRE MONDIALE

- **Quand ?** 17 juin 1942 – 9 août 1945
- **Où ?** États-Unis
- **Contexte ?**
  - Essor de la production industrielle de masse.
  - Découverte de la fission atomique.
  - Seconde Guerre mondiale (1939-1945).
- **Protagonistes ?**
  - Flanklin Delano Roosevelt (président des États-Unis, 1882-1945).
  - Harry S. Truman (président des États-Unis, 1888-1972).
  - Leslie Richard Groves (militaire américain, 1896-1970).
  - Robert Oppenheimer (physicien américain, 1904-1967).
  - Entreprise DuPont.
- **Répercussions ?**
  - Fin de la Seconde Guerre mondiale.

- ◦ Développement du complexe militaro-industriel américain.
- ◦ Course internationale à l'armement atomique.

Le projet Manhattan représente pour les Américains l'entreprise patriotique par excellence, celle qui permit de mettre fin à une guerre meurtrière qui semblait vouloir s'éterniser.

Alors que la menace nazie s'étend sur l'Europe, ce programme ultra secret mis sur pied par le président des États-Unis Franklin D. Roosevelt à partir de l'été 1942 a pour mission de mettre au point la première bombe atomique de l'histoire, avec un seul mot d'ordre, y parvenir avant les Allemands.

Œuvre colossale aussi bien financièrement qu'humainement, elle est le fruit d'une collaboration sans précédent entre l'industrie, la science et l'armée américaines, s'appuyant en cela sur les avancées majeures de la recherche nucléaire associées à une puissante industrie chimique. Les sites nécessaires à sa réussite sont construits à la hâte aux quatre coins du pays, sous la direction de la firme DuPont, responsable de la partie ingénierie, du physicien Robert Oppenheimer, directeur de la partie scientifique, et du général Leslie Groves, responsable du projet.

Associant dès 1943 le Canada et le Royaume-Uni, mais rejetant toute participation de l'URSS, le projet Manhattan parvient en moins de trois ans, le 16 juillet 1945, à créer l'arme la plus puissante, la plus destructrice et la plus meurtrière jamais utilisée jusqu'à nos jours, faisant alors des États-Unis la plus grande force militaire du monde.

CONTEXTE

LES ÉTATS-UNIS, PUISSANCE INDUSTRIELLE ET FINANCIÈRE

Dès la fin de la Première Guerre mondiale (1914-1918), les États-Unis deviennent la première puissance financière et industrielle mondiale. Dans les années 1920, le pays dispose de capitaux considérables, dus notamment au remboursement partiel des dettes contractées par les pays européens et au rachat de la quasi-totalité du stock mondial d'or. Cette prospérité s'appuie sur les industries nouvelles, notamment automobiles et chimiques, qui mettent à profit les progrès scientifiques et techniques pour développer de nouveaux produits, investissant directement dans la recherche, tout en rationalisant les méthodes de production. Les États-Unis entrent dans l'ère de la consommation de masse, plusieurs décennies avant les pays européens.

La firme DuPont est en cela l'un des exemples révélateurs de cet esprit d'entreprise et d'innovation qui habite la société et l'industrie américaine à cette époque.

DUPONT ET LA PREMIÈRE GUERRE MONDIALE

Dès 1915, plusieurs firmes industrielles, dont la société DuPont, collaborent à l'effort de guerre américain. Après la guerre, l'entreprise est accusée d'en avoir profité pour s'enrichir. Une commission d'enquête du Sénat est nommée en 1935-1936, affublant la firme du surnom de « marchands de mort » (N'DIAYE (Pap), « Du nylon et des bombes. Du Pont de Nemours, l'État américain et le nucléaire, 1930-1960 », in *persee. fr*).

Dès 1920, DuPont décide de collaborer avec le Massachusetts Institute of Technology (MIT), donnant naissance au premier département indépendant de génie chimique. La société développe également un mode de gestion alors révolutionnaire, basé sur une structure multidivisionnelle permettant une souplesse et une réactivité optimisées. Enfin, elle est la seule entreprise chimique capable de construire elle-même ses usines.

En 1935, la firme découvre le nylon, et se spécialise dans la chimie des hautes pressions et la polymérisation.

LA MONTÉE DES TOTALITARISMES ET LA SECONDE GUERRE MONDIALE

Le 30 janvier 1933, Adolf Hitler (1889-1945) devient chancelier allemand, et développe une politique de réarmement et de réindustrialisation du pays. Face à l'Allemagne nazie, les démocraties occidentales jouent la carte de la neutralité, occupées à endiguer la crise économique qui mine leur pays, allant jusqu'à satisfaire les revendications territoriales d'Hitler lors de la conférence de Munich en septembre 1938.

L'année suivante, la Grande-Bretagne et la France tentent cependant de constituer un front européen contre l'expansion nazie, mais elles ne sont suivies ni par les États-Unis ni par l'URSS, qui signe un pacte de non-agression avec l'Allemagne le 23 août 1939. Le 1er septembre, Hitler attaque la Pologne. En retour, deux jours plus tard, la France et la Grande-Bretagne déclarent la guerre à l'Allemagne.

La France est conquise en quelques semaines au mois de juin 1940, alors que la Grande-Bretagne résiste à son pilonnage par l'aviation allemande. Le 12 octobre, Hitler renonce à l'invasion de l'Angleterre. Les États-Unis refusent d'intervenir directement dans le conflit. Pour autant, en janvier 1941, Roosevelt s'entend avec le Premier ministre britannique Winston Churchill (1874-1965) pour donner la priorité à la lutte contre l'Allemagne en cas d'entrée en guerre des États-Unis. Le 7 décembre 1941, l'aviation japonaise détruit par surprise la base navale américaine de Pearl Harbor (Îles Hawaï). Le lendemain, les États-Unis déclarent la guerre au Japon. Dès lors, la mobilisation de la société américaine, tant économique qu'humaine, est totale.

LA DÉCOUVERTE DE LA FISSION ATOMIQUE

LE PRINCIPE DE LA BOMBE ATOMIQUE

La bombe atomique se base sur une réaction en chaîne issue de la fission d'un noyau d'uranium ou de plutonium provoquée par un neutron. Lorsque le neutron entre en collision avec l'atome, celui-ci éclate en un noyau réduit et quelques neutrons, qui entrent à leur tour en contact avec le noyau restant, créant une nouvelle fission, etc., permettant de libérer d'immenses quantités d'énergie.

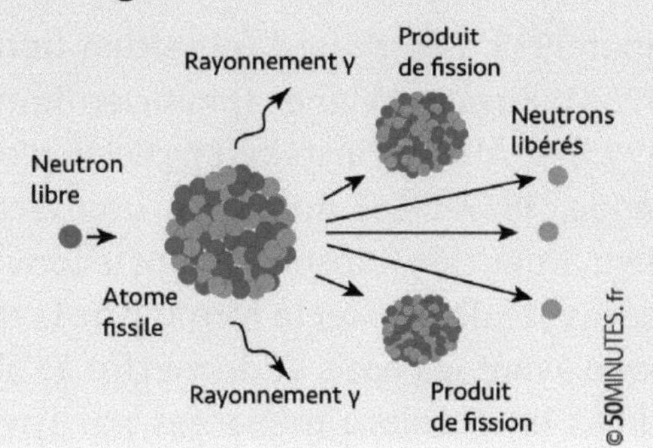

Alors que l'humanité découvre la radioactivité dans les dernières années du XIXe siècle et le noyau atomique en 1911, l'histoire de la fission atomique commence en 1932 avec la découverte du neutron. Au début de l'année 1939, le phénomène de fission est découvert grâce aux travaux des chercheurs allemands Otto Hahn (1879-1968), Otto Frisch (1904-1979) et Lise Meitner (1878-1968) et dévoilé par la voix de Niels Bohr (physicien danois, 1885-1962), qui découvre également l'isotope 235 de l'uranium.

Au même moment, Frédéric Joliot (physicien français, 1900-1958) démontre que la fission de cet atome provoque une réaction en chaîne capable de libérer d'immenses quantités d'énergie. Ces découvertes agitent le milieu scientifique, bien conscient des enjeux de cette découverte.

Le 2 août 1939, Léo Szilard (physicien hongrois, 1898-1964), Eugène Wigner (physicien hongrois, 1902-1995) et Albert Einstein (physicien d'origine allemande, 1879-1955) adressent une lettre au président américain Roosevelt, pour le convaincre de la nécessité de trouver la formule de la bombe atomique avant les nazis et de mettre à l'abri les ressources en uranium menacées par l'avancée allemande. Roosevelt répond à cette demande par la mise en place d'un comité pour l'étude de l'uranium, qui se réunit pour la première fois le 21 octobre 1939.

À partir de là, plusieurs laboratoires de recherche se développent aux États-Unis et en Angleterre. Du côté britannique, le MAUD Committee (Military Application of Uranium Desintegration) se réunit pour la première fois le 10 avril 1940, alors que du côté américain le National Defense Research Committee, destiné à fédérer les travaux scientifiques et d'ingénierie menés dans les structures civiles à des fins militaires, est créé le 1er juillet 1940 sous la direction de Vannevar Bush (ingénieur américain, 1890-1974) et James Conant (chimiste américain, 1893-1978). Dès lors, toute découverte en lien avec la fission atomique est considérée comme secrète.

Quelques mois plus tard, Glenn Seaborg (chimiste américain, 1912-1999) découvre le plutonium (^{239}Pu), issu de la radiation de l'uranium, nettement plus fissile et beaucoup plus toxique que le ^{235}U.

Le MAUD Committee déclare au printemps 1941 la fabrication de la bombe possible, mais également l'incapacité de la Grande-Bretagne à la réaliser. Bush et Conant fondent en conséquence le 9 octobre 1941 aux États-Unis le S-1 Committee, comité top secret consacré à la fission atomique en vue de la fabrication de la bombe.

Mais le grand tournant survient avec l'entrée en guerre des États-Unis. Le projet nucléaire devient une priorité. Le 19 janvier 1942, le président Roosevelt donne son accord pour la réalisation sans délai de la bombe, et le Metallurgical Laboratory voit le jour en février 1942 à l'université de Chicago, sous la direction d'Enrico Fermi (physicien italien, 1901-1954) et d'Arthur Compton (physicien américain, 1892-1962). Le 12 juin, Roosevelt et son secrétaire d'État à la Guerre Henry Stimpson (1867-1950) décident de la formation secrète d'un département militaire exclusivement consacré à l'étude de l'arme atomique ; c'est la naissance du projet Manhattan.

BIOGRAPHIES

FRANKLIN D. ROOSEVELT, HOMME POLITIQUE AMÉRICAIN

Né le 20 janvier 1882 à Hyde Park (New York), Franklin Delano Roosevelt suit des études de droit à Harvard et à Columbia et devient sénateur démocrate de l'État de New York en 1910, puis secrétaire adjoint à la Marine en 1913.

Paralysé des deux jambes par une attaque de poliomyélite en 1921, il est élu gouverneur de l'État de New York en 1928 puis président des États-Unis en 1933. Il parvient à surmonter en partie la Grande Dépression (crise économique de 1929) par la mise en place du New Deal (réformes économiques et sociales de 1933) et de l'État providence.

Il rompt avec l'isolationnisme traditionnel des États-Unis en engageant les Américains dans le deuxième conflit mondial aux côtés des démocraties européennes. Réélu à trois reprises, il meurt au début de son quatrième mandat le 12 avril 1945.

HARRY S. TRUMAN, HOMME POLITIQUE AMÉRICAIN

Harry Truman naît le 8 mai 1884 à Lamar (Missouri). Élu sénateur démocrate du Missouri en 1935, il est nommé en 1944 vice-président de Franklin D. Roosevelt, auquel il succède à la mort de ce dernier.

C'est lui qui décide de larguer les deux bombes atomiques le 6 août 1945 sur Hiroshima (Japon) et le 9 août sur Nagasaki (Japon), obligeant le Japon à capituler. Grand ennemi de l'URSS, il crée en 1947 la CIA (Central Intelligence Agency), met en place le plan Marshall (programme d'aide économique à l'Europe, 1948-1952) pour aider l'Europe occidentale à se reconstruire, édicte la doctrine Truman, plaidant en faveur de l'aide économique et militaire aux pays menacés par l'expansion soviétique, et crée en 1949 l'Organisation de l'Atlantique Nord (OTAN). Il est également à l'origine de l'engagement des États-Unis dans la guerre de Corée (1950-1953) en 1950.

Il se retire de la présidence en 1952, à la fin de son deuxième mandat. Il meurt le 26 décembre 1972.

LESLIE GROVES, MILITAIRE ET GÉNÉRAL AMÉRICAIN

Fils d'un aumônier de l'armée, Leslie Groves naît le 17 août 1896 à Albany (New York). Il étudie au Massachusetts Institut of Technology (MIT), avant d'entrer à l'académie militaire de West Point.

En 1918, il entre dans le corps armé de génie et finit ses études d'ingénieurs. Il devient capitaine en 1934 puis major en 1940. Membre de l'état-major de Washington, il supervise la construction de nombreux bâtiments, notamment celle du Pentagone.

Promu général, il est nommé directeur militaire du projet Manhattan le 17 septembre 1942 et fait appel à Robert Oppenheimer pour le volet scientifique. Il prend sa retraite militaire en 1948 et meurt à Washington le 13 juillet 1970.

ROBERT OPPENHEIMER, PHYSICIEN AMÉRICAIN

Issu d'une famille aisée d'immigrés juifs alle-mands, Robert Oppenheimer naît le 22 avril 1904 à New York. Licencié de chimie à Harvard en 1925, il décide de se spécialiser en physique théorique et part quatre ans en Europe pour travailler sur les nouvelles théories que sont la relativité, la physique mécanique et la physique quantique. De retour aux États-Unis, il devient professeur de physique théorique au California Institute of Technology et à l'université de Berkeley.

En 1942, il est nommé directeur scientifique du projet Manhattan. Réticent à l'usage de la bombe atomique sur des cibles à forte densité de population, il est profondément affecté par sa part de responsabilité dans les bombardements d'Hiroshima et de Nagasaki, et milite après la guerre contre la prolifération nucléaire.

Refusant de prendre part au programme de conception de la bombe à hydrogène, il est accusé en 1953 par le gouvernement américain de connivence avec l'ennemi soviétique et déshabilité. Réhabilité en 1963, il reçoit la prestigieuse médaille Enrico Fermi pour sa contribution à la physique nucléaire. Il meurt le 18 février 1967 à Princeton (New Jersey).

FIRME DUPONT, SOCIÉTÉ AMÉRICAINE DE PRODUITS CHIMIQUES ET DE BIOTECHNOLOGIES

La compagnie DuPont est fondée en 1802 à Wilmington (Caroline du Nord) par Éleuthère Irénée du Pont (1771-1834), un aristocrate français installé aux États-Unis. L'entreprise se consacre dans un premier temps à la fabrication de poudre à canon, et devient dès le milieu du siècle le plus grand fournisseur de poudre de l'armée américaine, principalement lors de la guerre de Sécession (1861-1865) et de la Première Guerre mondiale. Dès les années 1910-1920, l'entreprise se lance dans les recherches sur la chimie industrielle et commence à travailler sur les polymères, découvrant notamment le nylon en 1935.

La société DuPont devient l'une des composantes essentielles du projet Manhattan en tant que responsable de la construction et du fonctionnement des sites chargés de produire l'uranium et le plutonium nécessaires à la conception de la bombe atomique.

Au lendemain de la Seconde Guerre mondiale, DuPont poursuit ses recherches sur les matériaux innovants ainsi que sa collaboration avec l'État américain, notamment dans la constitution de la bombe à hydrogène et le programme Apollo. En 1981, elle fait l'acquisition de Conoco Inc., un important pétrolier et gazier, et est aujourd'hui l'un des principaux pétroliers américains.

PRÉSENTATION DE L'ÉVÉNEMENT

LA MISE EN PLACE DU PROJET MANHATTAN

C'est donc le 12 juin 1942 que débute dans le plus grand secret l'histoire du projet Manhattan. Seuls sont au courant le président Roosevelt, le secrétaire d'État à la Guerre Stimpson, le général Marshall (1880-1959), ainsi que les dirigeants des instituts de recherche et d'expérimentation Conant et Bush.

Le 17 septembre, Leslie Groves est nommé responsable du projet. Dès le lendemain, il procède au rachat des 1 500 tonnes d'uranium mises en sûreté en juin 1940 sur le sol américain par Edgar Sengier (1879-1963), directeur de l'Union minière du Haut-Katanga, face à l'invasion nazie, et se tourne vers le Canada également producteur d'uranium. Pendant ce temps, le 12 août, Seaborg réalise la première réaction en chaîne. Le 19 octobre, Groves choisit le physicien Robert

Oppenheimer comme responsable scientifique et le charge de mettre en place un laboratoire central exclusivement dédié à la construction de la bombe atomique.

Le 2 décembre 1942, en ce « jour noir pour l'humanité » comme le dira Léo Szilard (PINOL (Julien), *La genèse de la bombe à fission nucléaire. Le projet Manhattan*, tome I, Paris, L'Harmattan, 2011, p. 86), la pile Fermi, premier réacteur nucléaire de l'histoire, est achevée à Chicago (Illinois). Dès lors, les scientifiques sont en mesure de contrôler la réaction en chaîne. Même si les incertitudes sont encore grandes quant aux méthodes, cette réussite marque un tournant pour le projet Manhattan, qui peut entrer dans sa phase industrielle.

Deux types de bombes sont définis : la bombe à l'uranium enrichi (^{235}U) et la bombe au plutonium (^{239}Pu). Pour y parvenir, face à la grande quantité de matière fissile nécessaire, Leslie Groves hâte la conclusion d'un accord avec la firme DuPont afin d'entamer la construction d'usines gigantesques. Bien que réticente, l'entreprise phare du nylon accepte un partenariat avec l'armée et le gouvernement américain le 21 décembre 1942 pour la construction des usines de production de ^{235}U et de ^{239}Pu, quel qu'en soit le coût.

LES PARTENAIRES DU PROJET MANHATTAN

Plusieurs groupes industriels participent à l'aventure : l'Union Carbide Company, Allis Chambers, General Electric, la Westinghouse Company et la Tennessee Eastman Corporation, filiale de l'entreprise Kodak.

LES PRINCIPAUX SITES DU PROJET MANHATTAN

Los Alamos (Nouveau-Mexique) : site Y

Le choix du site destiné à accueillir le laboratoire central est arrêté le 20 novembre 1942 en faveur de Los Alamos. Celui-ci, comme les autres sites du projet, doit répondre à des exigences bien précises en accord avec le type d'activité et le caractère secret de la mission : des terrains faciles à dissimuler et entourés de montagnes, dans des espaces peu peuplés où le coût de rachat des terres est moindre, à proximité d'une rivière, dans un climat sec, et facilement accessible par camion.

Le site de Los Alamos a pour mission de finaliser les recherches sur la conception de la bombe atomique et d'en assurer la construction. Pour ce faire, Robert Oppenheimer rassemble une grande partie des scientifiques les plus brillants du pays, qui commencent à arriver sur place en avril 1943. On estime dans un premier temps la main d'œuvre nécessaire à 300 personnes, réparties en plusieurs sections : la section théorique, la section expérimentale, la section chimie/métallurgie et la division d'artillerie. Les chercheurs vivent dans un isolement constant et, s'ils peuvent faire venir leurs familles, celles-ci une fois installées ont interdiction de repartir.

Une ville entière sort de terre derrière la clôture. À l'été 1945, au plus fort de l'activité, ce sont près de 6 000 personnes qui vivent sur le site. Les laboratoires en sont séparés par des barrières de sécurité. À l'inverse de Oak Ridge et de Hanford, c'est l'entreprise M.M. Sundt Company of Tucson qui prend en charge la construction à marche forcée du site, le but étant d'être prêt pour l'arrivée des matériaux fissiles. Les scientifiques sont rejoints dès juin 1943 par des hommes issus du génie militaire, qui représenteront en 1945 la moitié des effectifs présents.

Oak Ridge (Tennessee) : site X

Le site d'Oak Ridge est à la fois une usine d'extraction de la matière fissile par séparation isotopique et une usine pilote pour l'extraction du ^{239}Pu. Le terrain de 210 km^2 avait été acquis dès le 20 septembre 1942 par Leslie Groves à proximité de la rivière Clinch et du fleuve Tennessee, bénéficiant ainsi des installations électriques puissantes déjà en place. Les travaux de construction, supervisés à la fois par les ingénieurs de DuPont et une équipe de scientifiques du laboratoire de Chicago, commencent le 22 février 1943.

Oak Ridge se divise en plusieurs structures. Le bâtiment Y-12 accueille les installations électromagnétiques pour la séparation des isotopes. Lors de son inauguration officielle à la fin de l'été 1943, il accueille 5 000 employés. L'ensemble K-25, dont la construction débute quelques semaines plus tard, est destiné à tester une nouvelle méthode de séparation isotopique, la séparation chimique. À côté de celui-ci se trouve l'usine de diffusion thermique, sous le nom de S-50, qui pour la première fois produit de l'uranium enrichi durant l'été 1944.

Enfin, il est décidé de construire une usine pilote, appelée X-10, pour la production du plutonium, atome encore mal connu, et développer un système de refroidissement efficace. Malgré l'opposition des scientifiques, les responsables de DuPont estiment ce prototype nécessaire pour détecter les problèmes techniques avant la construction de l'usine définitive, se basant sur l'expérience du nylon.

LES RELATIONS DIFFICILES ENTRE LES INGÉNIEURS ET LES SCIENTIFIQUES

Le projet Manhattan est marqué par l'opposition entre scientifiques et ingénieurs, la difficulté étant de traduire les équations dans le ciment. L'usine pilote en est l'exemple. Leslie Groves décide, face aux réserves émises par les scientifiques, d'en débuter la construction sans les aviser. Les scientifiques n'ont en effet pas encore résolu toutes les équations au moment où les responsables du projet veulent lancer la construction de l'usine. Or, si les équations peuvent être modifiées, il est difficile de modifier l'usine une fois construite.

Mécontents parce qu'ils n'ont pas terminé leurs recherches et qu'ils n'ont pas été consultés pour décider du lancement de la construction de l'usine, les physiciens menacent de ne participer ni à sa conception ni à son fonctionnement. En retour, le comité exécutif de DuPont décide d'en suspendre la construction, faute de collaboration.

En 1945, cette ville nouvelle montée de toutes pièces n'accueille pas moins de 70 000 à 75 000 habitants.

Hanford (Washington) : site W

Le complexe de Hanford, de près de 2 600 km^2, est consacré à la production du plutonium, selon les principes appliqués dans l'usine pilote X-10 d'Oak Ridge. Il est de par sa taille le plus grand site industriel construit pendant la Seconde Guerre mondiale. Bâti à proximité de la rivière Columbia, il accueillera au plus fort de son activité 45 000 personnes. L'année 1943 est consacrée à la préparation du site et à la conception de l'usine. L'urgence les poussant à ne pas attendre les résultats définitifs des recherches sur le plutonium, les ingénieurs de DuPont décident de commencer la construction de l'usine de production du plutonium dès le mois de septembre 1943, tout en prévoyant des marges de sécurité permettant d'adapter la structure en cas de besoin.

Le réacteur B est achevé à l'été 1944, et reçoit son premier chargement d'uranium venant d'Oak Ridge le 18 septembre. Il est complété par deux autres structures, le réacteur D, qui entre en service le 17 décembre 1944, et le réacteur F, prêt à la fin du mois de février 1945. Chaque réacteur est équipé d'un système de pompage spécifique dans la rivière. À partir du début de l'année 1945, l'uranium irradié peut être transféré dans les usines de séparations, d'où l'on extrait le plutonium.

LA CONSTRUCTION DES BOMBES

Le 5 avril 1944, les premiers échantillons de ^{239}Pu arrivent à Los Alamos. Les essais sont un échec, au point de remettre en cause la possibilité même d'élaborer une bombe au plutonium. Pour autant, les scientifiques ne sont pas sûrs d'avoir suffisamment de ^{235}U pour réaliser une autre bombe à l'uranium, raison pour laquelle Oppenheimer prend la décision de poursuivre les travaux sur le plutonium. Alors que le réacteur B d'Hanford est mis en route au mois de septembre, la première réaction en chaîne s'arrête. En cause, un empoisonnement au xénon non détecté dans le réacteur pilote. Les marges de sécurité laissées par les ingénieurs permettent de rectifier le tir, et la réaction reprend.

Dès le mois de février 1945, des quantités significatives de ^{235}U et de ^{239}Pu commencent à être envoyées à Los Alamos. La fabrication des bombes peut commencer. Alors que la bombe à l'uranium, baptisée Little Boy, semble maîtrisée, celle au plutonium pose plus de problèmes. Ayant à sa disposition les quantités suffisantes de matériau fissile, Robert Oppenheimer décide de réaliser une première bombe, Gadget, pour un test grandeur nature, qui prendra le nom de Trinity. Truman souhaite que ce dernier soit réalisé avant la conférence de Potsdam regroupant les États-Unis, la Grande-Bretagne et l'URSS, dont l'ouverture est prévue pour le 17 juillet.

| Robert Oppenheimer et Leslie Groves à côté des restes de la tour utilisée pour l'essai Trinity.

Après plusieurs mois de préparation, le 16 juillet 1945, la première bombe à plutonium de l'histoire explose à Alamogordo (Nouveau-Mexique), anéantissant toute trace de vie dans un rayon d'un kilomètre. L'onde de choc est ressentie sur 160 km, un champignon s'élève à 12 000 mètres du sol. Face à la violence inouïe de l'explosion, le physicien américain Robert Wilson (1914-2000) s'exprime : « C'est terrible ce que nous avons fait là. » (cité par PINOL (Julien), *La genèse de la bombe à fission nucléaire. Le projet Manhattan*, tome I, Paris, L'Harmattan, 2011, p. 216) Les militaires, satisfaits de l'essai, lancent la construction de la deuxième bombe au plutonium, baptisée Fat Man.

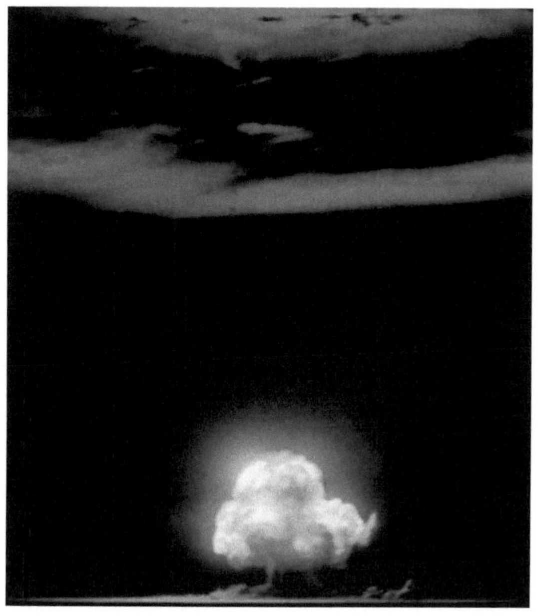

| Nuage en champignon provoqué par l'explosion lors de l'essai Trinity.

DES RÉTICENCES À UNE COLLABORATION INTERNATIONALE

Si les États-Unis finissent par consentir à associer les Britanniques au projet Manhattan par l'accord de Québec (Canada) du 19 août 1943, il en va tout autrement des Soviétiques. Harry Truman, réservant son effet, attend le succès de Trinity pour révéler à Staline (homme d'État soviétique, 1878-1953) l'existence de la bombe. Cependant celui-ci, grâce à divers espions, sait déjà tout du programme atomique américain et des détails de l'explosion de Gadget.

DE L'USAGE DE LA BOMBE

Le projet fou de construire la bombe la plus puissante jamais créée est un succès. Mais comment l'utiliser ? Truman, qui vient de succéder à Roosevelt en tant que président des États-Unis, met sur pied deux comités afin de répondre à cette question.

L'Interim Committee, dans lequel sont intégrés les scientifiques Oppenheimer, Compton, Fermi et Ernest Lawrence (physicien américain, 1901-1958), a pour but de discuter de l'utilisation de la bombe. La session du 9 mai révèle les dissensions au sein de ses membres. James Francis Byrnes (homme politique américain, 1879-1972) affirme sans réserve sa volonté de lâcher la bombe sur une cible à forte densité de population, alors que les physiciens penchent de leur côté pour un bombardement de démonstration. Parallèlement, le Target Committee, sous la direction de Leslie Groves, est d'ores et déjà chargé de déterminer les cibles potentielles.

L'opposition à l'utilisation de la bombe sur des cibles civiles émane donc principalement de la communauté scientifique, consciente d'avoir engendré un monstre dont tout contrôle lui échappe. Joseph Rotblat (physicien polonais, 1908-2005) démissionne dès le mois de décembre 1944, quand il comprend que la capitulation allemande est proche et que les nazis ne sont en aucune mesure capables de produire la bombe. La fin de la menace allemande, qui avait justifié la mise en place d'un tel projet, change la donne, et les plus réticents à l'utilisation de l'arme atomique sont ceux qui six ans plus tôt étaient à l'instigation de sa création.

Léo Szilard et Albert Einstein adressent une lettre au président Roosevelt, malheureusement arrivée trop tard. Les réunions secrètes entre les responsables militaires se multiplient sur les sites du projet Manhattan, et les chercheurs du laboratoire de Chicago remettent le 11 juin 1945 le rapport Franck, dans lequel ils demandent que les scientifiques ne soient pas écartés des décisions qui se prennent quant à la future utilisation de la bombe.

Du côté de l'armée, un groupe de hauts gradés se montre également défavorable à l'utilisation de la bombe, comme le précise l'amiral Leahy (1875-1959) : « Je n'ai pas appris à faire la guerre sur ce mode et les guerres ne peuvent être gagnées par la destruction des femmes et des enfants. » (cité par PINOL (Julien), *L'usage de la bombe à fission nucléaire. Le projet Manhattan*, tome II, Paris, L'Harmattan, 2012, p. 95).

Pourtant, l'affaire est entendue. Le 16 juillet, le noyau d'uranium de Little Boy quitte le port de San Francisco (Californie) en direction de la base de Tinian (Îles Mariannes) dans le Pacifique, accompagné d'une équipe de scientifiques de Los Alamos qui procédera à son montage sur place. Le 25 juillet, le président Truman donne son accord définitif à l'utilisation de la bombe et le 3 août Hiroshima est désignée comme première cible. La veille, le cœur de plutonium de Fat Man a à son tour quitté San Francisco. Le projet Manhattan est prêt pour son apothéose.

DES AVIONS POUR LA BOMBE

Afin de transporter la bombe atomique jusqu'à son point de largage, l'armée américaine se doit de concevoir les avions adéquats. Une quinzaine de B-29 sont ainsi adaptés au printemps 1945 à cette charge exceptionnelle. Une unité aérienne triée sur le volet, le 509th Composite Group, est également associée au projet Manhattan. Ces pilotes sont envoyés dès décembre 1944 sur la base d'entraînement sécurisée de Wendover Field (Utah), sous la direction de Paul Tibbets (brigadier général de l'armée de l'Air des États-Unis, 1915-2007), sans qu'ils ne soient à aucun moment informés de la nature du chargement.

Le 6 août 1945, à 8 h 15, Little Boy, seule bombe à l'uranium de l'histoire, est larguée sur la ville Hiroshima. Plus de 60 000 personnes meurent sur le coup, près de 100 000 victimes supplémentaires décèdent des suites des radiations. Trois jours plus tard, Fat Man, bombe au plutonium, est larguée sur Nagasaki. Le 15 août, l'empereur du Japon Hirohito (1901-1989) annonce à son peuple sa volonté de capituler. Le projet

Manhattan, programme secret de 2,2 milliards de dollars (soit 26 milliards de dollars actuels) et de 130 000 personnes impliquées au plus fort de son activité, auréolé de succès, vient d'éclater aux yeux du monde.

RÉPERCUSSIONS

LA PROMOTION DU PROJET MANHATTAN : OMBRES ET LUMIÈRES

Le projet Manhattan, dès sa révélation, fait l'objet d'une mise en lumière à la hauteur de l'investissement. William Lawrence (1888-1977), attaché de presse et historien officiel du programme, est chargé de propager la bonne parole, tout en minimisant l'effet des radiations sur les victimes. Les physiciens, pères de la bombe, deviennent des célébrités. Robert Oppenheimer fait la une de *Life Magazine* une semaine après les explosions atomiques.

Les États-Unis s'affichent comme les grands gagnants de la guerre des laboratoires et comme la plus grande puissance militaire du monde, notamment face à l'armée soviétique. Les films de propagande, aux budgets astronomiques, se multiplient, comme celui de Jack Glenn (réalisateur américain, 1904-1981), *Atomic Power,* en 1946. Le rapport Smyth est également largement distribué à partir de 1945 sous le nom d'*Atomic Energy for Military Purposes*. Celui-ci, rédigé sous l'étroit de contrôle de Leslie Groves, entend diffuser et magnifier l'histoire du projet Manhattan au sein de la population américaine, et lui dévoiler certaines données physiques et techniques inhérentes à la bombe.

Déjà des voix s'élèvent pour dénoncer les conséquences des radiations sur les populations touchées par les bombardements. Pour autant, celles-ci sont rapidement éteintes. Leslie Groves demande cependant dès le 11 août que des études soient réalisées afin d'obtenir des renseignements scientifiques sur l'étendue et le caractère des dégâts. Des groupes de travail se succèdent durant plusieurs mois à Hiroshima et Nagasaki, mais les résultats de ces études restent secrets.

LA PESTE ATOMIQUE

Le 5 septembre, échappant à la censure, le *Daily Express* publie l'article d'un journaliste australien s'étant rendu à Hiroshima afin d'étudier les conséquences de la bombe. Wilfried Burchett (1911-1983) y dévoile les

LE DEVENIR DU PROGRAMME ATOMIQUE AMÉRICAIN : LA COURSE À L'ARMEMENT

Dès l'automne 1945, les différentes composantes du projet Manhattan commencent à se retirer. La firme DuPont suspend sa participation au programme nucléaire militaire afin de se recentrer le marché civil d'après-guerre. Les physiciens quittent Los Alamos et reprennent le cours de leurs recherches. Inquiets du futur de la recherche atomique militaire, ils publient en 1946 un fascicule intitulé *One World or None*, pour lequel collaborent notamment Compton, Bohr, Szilard, Oppenheimer et Einstein, autour de la question : « Où en est le danger d'une course aux armements atomiques, comment peut-on maîtriser la bombe ? » (PINOL (Julien), *L'usage de la bombe à fission nucléaire. Le projet Manhattan*, tome II, Paris, L'Harmattan, 2012, p. 183)

Car le gouvernement et l'armée américains entendent bien garder leur secret tout en poursuivant les essais. Le 2 décembre 1945, les États-Unis, la Grande-Bretagne et le Canada refusent officiellement de livrer les secrets de construction de la bombe. Les budgets alloués aux laboratoires de recherche atomique explosent. Les sites du projet Manhattan sont maintenus, points de départ du nouveau complexe militaro-industriel américain, basé dès lors sur une constante collaboration entre entreprises privées, recherche scientifique et État. Les essais de bombes au plutonium se poursuivent dès l'été 1946 sur l'île de Bikini (Îles Marshall), avec l'explosion d'Able le 1ᵉʳ juillet puis de Baker le 25, auxquels Oppenheimer refuse de participer.

Le 29 août 1949, les Soviétiques procèdent à leur premier essai nucléaire, ôtant aux États-Unis leur monopole. La course à la bombe est bel et bien lancée et le 5 octobre, Truman approuve le programme de construction de la bombe à hydrogène, qui est testée pour la première fois le 1ᵉʳ novembre 1952. Celle-ci solde le retour de la société DuPont dans le nucléaire militaire, et ce jusqu'en 1989. En réponse, l'URSS met au point la bombe la plus puissante qui ait jamais existé, une arme atmosphérique de 58 méga-tonnes nommée Tsar Bomba, qui est testée le 30 octobre 1960.

Parallèlement, d'autres pays parviennent à réaliser des essais nucléaires. C'est le cas du Royaume-Uni en 1952, la France en 1960, la Chine en 1964, l'Inde en 1974, l'Afrique du Sud et Israël en 1979, le Pakistan en 1998 et la Corée du Nord en 2006. On soupçonne également aujourd'hui l'existence d'un programme nucléaire militaire en Iran.

LA PEUR ATOMIQUE : TENTATIVES DE RÉGULATION ET NON-PROLIFÉRATION

L'apparition de bombes capables de détruire l'humanité pose dès le début la question de son contrôle. Les jeunes Nations Unies appellent dans leur première résolution à l'élimination totale des armes nucléaires et met en place une commission pour traiter du problème de la découverte atomique. Impuissante, cette commission sera supprimée en 1952. Au même moment, au mois de mai 1946, Szilard et Einstein créent le Comité d'urgence des scientifiques atomistes, qui milite lui aussi pour le désarmement nucléaire.

Face à la poursuite des recherches militaires nucléaires, un certain nombre de scientifiques, dont Bertrand Russell (philosophe et logicien britannique, 1872-1970), Einstein, Rotblat et Joliot publient à Londres le 9 juillet 1955 le *Manifeste Russell-Einstein*, appelant à la paix mondiale : « Tel est donc, dans sa terrifiante simplicité, l'implacable dilemme que nous vous soumettons : allons-nous mettre fin à la race humaine, ou l'humanité renoncera-t-elle à la guerre ? » (« Manifeste Russel-Einstein », in *cehp.free.fr*)

ALBERT EINSTEIN, LA PAIX ET LA BOMBE

Malgré qu'il soit à l'origine du projet Manhattan par sa lettre adressée au président Roosevelt en 1939, Albert Einstein est profondément antimilitariste, comme le montre son engagement d'après-guerre en faveur de la paix. Ainsi l'explique-t-il plus tard : « La probabilité que les Allemands étudiaient le même problème et avaient une chance de réussir m'a forcé à faire cette démarche. Je ne pouvais pas faire autrement, bien que j'ai été un pacifiste convaincu. » (cité par PINOL (Julien), *La genèse de la bombe à fission nucléaire. Le projet Manhattan*, tome I, Paris, L'Harmattan, 2011, p. 45)

À partir des années 1950, les traités ouverts à signatures se multiplient pour l'interdiction des essais nucléaires. Les Nations Unies créent en 1957 l'Agence internationale de l'énergie atomique, dont la mission est de garantir l'accès au nucléaire civil pour tous tout en veillant au désarmement, et 56 États s'y associent dès sa création. Ils sont aujourd'hui 168.

Mais le tournant est sans conteste la crise des missiles de Cuba. En octobre 1962, les États-Unis découvrent des têtes nucléaires soviétiques pointées vers le territoire américain depuis Cuba. La tension monte, le monde prend conscience du danger. Le 1er juillet 1968 est signé le traité de non-prolifération nucléaire, qui engage les cinq pays officiellement détenteurs de la bombe à ne pas diffuser les technologies nucléaires à d'autres États, ces derniers acceptant de ne jamais acquérir d'armes nucléaires. En 1986, les dirigeants russes et américains discutent de la possibilité de parvenir à l'abolition des armes nucléaires. En 2000, la Chine, les États-Unis, le Royaume-Uni, la France et la Russie signent un engagement d'élimination totale de leur arsenal nucléaire.

Pour autant, ces paroles ne sont guère suivies d'actes, et la lutte continue contre les armes atomiques. L'Agence internationale de l'énergie atomique a lancé depuis avril 2007 la campagne ICAN appelant à nouveau à l'abolition de toutes les armes nucléaires et au commencement immédiat de négociations d'une convention contraignante et vérifiable relative aux armes nucléaires. Les Nations Unies, dans le cadre de cette campagne, viennent d'ouvrir une conférence dont les deux premières sessions se sont tenues du 27 au 31 mars et du 15 juin au 7 juillet 2017.

EN RÉSUMÉ

- En 1932, les scientifiques découvrent l'existence du neutron.
- La fission atomique et la réaction en chaîne sont démontrées au premier semestre 1939. Le 2 août, une lettre signée par Einstein est adressée à Roosevelt, lui demandant de mettre au point la bombe.
- Le 12 juin 1942 est lancé le projet Manhattan. Leslie Groves en est nommé responsable le 17 septembre et désigne Robert Oppenheimer responsable scientifique le 19 octobre.
- Le 2 décembre 1942, Enrico Fermi parvient à contrôler la réaction en chaîne.
- Au printemps et à l'été 1943, les sites de Los Alamos et Oak Ridge commencent à fonctionner.
- Le 19 août 1943, les États-Unis et la Grande-Bretagne signent l'accord de Québec, grâce auquel les Britanniques intègrent le projet Manhattan.
- Le premier réacteur nucléaire est mis en route à Hanford au mois de septembre 1944.

- En février 1945, Los Alamos commence à recevoir les premiers chargements importants de matière fissile.
- Le 16 juillet 1945, la première explosion d'une bombe au plutonium dans le cadre de l'essai Trinity est un succès.
- Le 6 août 1945, la bombe à l'uranium Little Boy est lâchée sur Hiroshima. Le 9 août, c'est une bombe au plutonium, Fat Man, qui est envoyée sur Nagasaki.

Votre avis nous intéresse !
Laissez un commentaire sur le site de votre librairie en ligne
et partagez vos coups de cœur sur les réseaux sociaux !

POUR ALLER PLUS LOIN

SOURCES BIBLIOGRAPHIQUES

- BEEVOR (Antony), *La Segunda Guerra Mundial*, Barcelone, Círculo de lectores, 2013.

- BERGER (John), « De Hiroshima aux Twin Towers », in *monde-diplomatique.fr*, septembre 2002, consulté le 20 avril 2017. http://www.monde-di-plomatique.fr/2002/09/BERGER/9411

- BERNSTEIN (Barton J.), « The Uneasy Alliance : Roosevelt, Churchill and the Atomic Bomb, 1940-1945 », in *The Western Political Quarterly*, University of Utah, vol. 29, n° 2, juin 1976, p. 202-230.

- BERSTEIN (Serge) et MILZA (Pierre), *Histoire du XXe siècle*, Paris, Hatier,1996.

- « Chronologie des armes nucléaires », in *icanfrance.org*, consulté le 23 avril 2017. http://icanfrance.org/les-faits/chronologie-des-armes-nucleaires/

- FRISCH (David H.), « Scientists and the Decision to Bomb Japan », in *Bulletin of the Atomic Scientists*, Educational Foundation for Nuclear Science, vol. 26, n° 6, juin 1970, p. 107-115

- GASTON-BRETON (Tristan), « Le projet Manhattan : la première bombe atomique », in *lesechos.fr*, 9 août 2012, consulté le 23 avril 2017. https://www.lesechos.fr/09/08/2012/LesEchos/21245-044-ECH_le-projet-manhattan---la-premiere-bombe-atomique.htm

- GENAY (Lucie), *La conquête scientifique du Nouveau-Mexique : héritage local du Projet Manhattan 1942-2015*, thèse de doctorat, Grenoble, université de Grenoble-Alpes, 2015.

- « Manifeste Russel-Einstein », in *cehp.free.fr*, consulté le 24 mai 2017. http://www.cehp.free.fr/matos/Conference/manifeste_Russel_Einstein1.pdf

- MIQUEL (Pierre), *La Seconde Guerre mondiale*, Paris, Fayard, 1986.

- N'DIAYE (Pap), « La belle époque du nylon », in *La Recherche*, n° 300, juillet 1997, p. 100.

- N'DIAYE (Pap), « Les ingénieurs oubliés de la bombe », in *atomicsarchives.chez.com*, consulté le 20 avril 2017. http://atomicsarchives.chez.com/ingenieurs_bombe.html

- N'DIAYE (Pap), « Du nylon et des bombes. Du Pont de Nemours, l'État américain et le nucléaire, 1930-1960 », in *persee.fr*, consulté le 2 mai 2017. www.persee.fr/doc/ahess_0395-2649_1995_num_50_1_279349

- PINOL (Julien), *La genèse de la bombe à fission nucléaire. Le projet Manhattan*, tome I, Paris, L'Harmattan, 2011.

- PINOL (Julien), *L'usage de la bombe à fission nucléaire. Le projet Manhattan*, tome II, Paris, L'Harmattan, 2012.

- RHODES (Richard), *The Making of the Atomic Bomb*, New York, Simon & Schuster, 1986.

- RIVAL (Michel), *Robert Oppenheimer*, Paris, Flammarion, 1995.

- « United Nations Conference to Negotiate a Legally Binding Instrument to Prohibit Nuclear Weaons, Leading Towards their Total Elimination », in *un.org*, consulté le 24 mai 2017. https://www.un.org/disarmament/ptnw/index.html

SOURCES COMPLÉMENTAIRES

- CONANT (Jennet), *109 East Palace : Robert Oppenheimer and the Secret City of Los Alamos*, New York, Simon & Schuster, 2005.

- FERMI (Rachel), *Picturing the Bomb : Photographs from the Secret World of the Manhattan Project*, New York, H. N. Abrams, 1995.

- FINDLEY (John M.), *Atomic Frontier Days : Hanford and the American West*, University of Washington Press, 2011.

- GOSLLING (Francis George), *The Manhattan Project : Making the Atomic Bomb*, Washington DC, United States Department of Energy, History Division, 1994.

- GROVES (Leslie R.), *Now It Can Be Told. The Story of the Manhattan Project*, Londres, Andre Deutsch, 1962.

- HOWES (Ruth H.) et HERZENBERG (Caroline L.), *Their Day in the Sun : Women of the Manhattan Project*, Philadelphie, Temple University Press, 1994.

- HUGUES (Jeff), *The Manhattan Project : Big Science and the Atom Bomb*, Cambridge, Icon Books, 2003.

- JOHNSON (Charles) et JACKSON (Charles), *City Behind a Fence. Oak Ridge, Tennessee 1942-1946*, Knoxville, University of Tennessee Press, 1981.

- KELLY (Cynthia) (éd.), *Oppenheimer and the Manhattan Project : Insights into J. Robert Oppenheimer, « Father of the Atomic Bomb »*, New York, World Scientific, 2006.

- N'DIAYE (Pap), *Du nylon et des bombes : Du Pont de Nemours, le marché et l'État américain, 1900-1970*, Paris, Belin, 2010.

- NORRIS (Robert Stan), *Racing for the Bomb : General Leslie R. Groves, the Manhattan Project's Indispensable Man*, Steerforth, Turnaround, 2003.

- OTTAVIANI (Jim), *Fallout. J. Robert Oppenheimer, Léo Szilard, and the Political Science of the Atomic Bomb*, Ann Arbor, G.T. Labs, 2001.

- REED (Bruce Cameron), *The Physics of the Manhattan Project*, Heidelberg, Springer, 2011.

- REED (Bruce Cameron), *The History and Science of*

the Manhattan Project, Heidelberg, Springer, 2014.

- SCHWEBER (Silvan S.), *Nuclear Forces. The Making of the Physicist Hans Bethe*, Harvard University Press, 2012.

- SEABORG (Glenn T.), *A Chemist in the White House. From the Manhattan Project to the End of the Cold War*, Washington, American Chemical Society, 1998.

- SEABORG (Glenn T.), KATHREN (Ronald L.) et GOUGH (Jerry B.), *The Plutonium Story. The Journals of Professor Glenn T. Seaborg, 1939-1946*, Colombus, Battelle Press, 1994.

- SZASZ (Ferenc Morton), *British Scientists and the Manhattan Project. The Los Alamos Years*, New York, St Martin's Press, 1992.

- VAN WYCK (Peter C.), *The Highway of the Atom*, Montréal/Kingston, Mc-Gill-Queen's University Press, 2010.

- WALKER (J. Samuel), *Prompt and Utter Destruction : Truman and the Use of Atomic Bombs Against Japan*, Chapel Hill, University of North Carolina Press, 1997.

FILMS ET DOCUMENTAIRES

- *Atomic Power*, documentaire de Jack Glenn, États-Unis, 1946.

- *The Manhattan Project*, film de Marshall Brickman, avec John Lithgrow, Christopher Collet et Jill Eikenberry, États-Unis,1986.

- *Trinity and Behond. The Atomic Bomb Movie*, documentaire de Peter Kuran, États-Unis, 1995.

- *Manhattan*, série de Sam Shaw, avec John B. Hickey, Olivia Williams et Ashley Zukerman, États-Unis, 2014.

ICONOGRAPHIES

- Robert Oppenheimer et Leslie Groves à côté des restes de la tour utilisée pour l'essai Trinity. La photo reproduite est réputée libre de droits.

- Nuage en champignon provoqué par l'explosion lors de l'essai Trinity. La photo reproduite est réputée libre de droits.

Éditeur responsable : Lemaitre Publishing
Avenue de la Couronne 159 | BE-1050 Bruxelles
info@lemaitre-editions.com

ISBN ebook : 978-2-8080-0837-2
ISBN papier : 978-2-8080-0838-9
Dépôt légal : D/2018/12603/142
Photo de couverture : © commons.wikimedia.org

Conception numérique : Primento,
le partenaire numérique des éditeurs.